# *Auf Abbruch ...*

## Max Nordau

© 2023 Culturea Editions
Texte et illustration de couverture : © domaine public
Edition : Culturea (Hérault, 34)
Contact : infos@culturea.fr
Retrouvez notre catalogue sur http://culturea.fr
Imprimé en Allemagne par Books on Demand
Design typographique : Derek Murphy
Layout : Reedsy (https://reedsy.com/)
ISBN : 9791041943043
Dépôt légal : février 2023

# Inhalt

Es war in Cadiz, an einem wunderschönen Maitage, in später Nachmittagsstunde, als die Seebrise kühl zu wehen begann. Ich saß im Freien vor dem Café del Correo und las eine Ortszeitung. Da erregte auf dem schmalen Balkon des Hauses gegenüber eine weibliche Gestalt meine Aufmerksamkeit. Sie saß hinter dem halb herabgelassenen Rollvorhang aus grünen Holzstäbchen, der ihren Oberleib verbarg. Ich konnte nur hören, wie sie mit hohen Kopftönen eine Copla sang, deren Worte deutlich über die Straße zu mir herüberflogen:

"Me casé con un viejo
por su moneda
La moneda se acaba,
Y el viejo queda...«

"Einen Alten freit ich, ach!
Seinem Geld zu lieb –
Von dem Geld ist nichts mehr da,
Doch der Alte blieb.«

War sie schön oder häßlich, jung oder alt? Das sah ich nicht. Ihre Stimme klang reif und sie betonte ihre wilde arabische Weise mit einer Bitterkeit, die in die Seele schnitt. Das war nicht der gewohnheitsmäßige Singsang einer Frau aus dem Volke, die zu ihrer Kurzweil bei der Arbeit gedankenlos ein Lied vor sich hin trällert, das war persönliches Wehklagen. Das war der Jammerschrei einer gequälten Kreatur. Und plötzlich erwachte in mir die Erinnerung an die schwermütigen Schicksale einiger heimgesuchten Menschen, die ich in meiner Jugend persönlich gekannt habe.

*  *
*

Die Siefferts waren eigenartige Leute, von denen die Nachbarschaft viele Schnurren erzählte. Vater Sieffert war von Beruf Flickschneider, doch trat er an Sonn- und Feiertagen die Blasbälge der Orgel in der evangelischen Pfarrkirche und wartete außerdem in einigen reichen

Bürgerhäusern zu besonderen Gelegenheiten bei Tische auf. Mutter Sieffert arbeitete als Waschfrau, so oft ihr die eigene Wirtschaft und ihre Stelle als Pförtnerin einer großen Mietkaserne einen halbwegs freien Augenblick ließen. Das Ehepaar hatte vierzehn lebende Kinder, elf Mädchen und drei Jungen, und einige waren zum großen Schmerze der Mutter gestorben, die der Überfluß an lebenden Nachkommen niemals für die fehlenden trösten konnte. Die gesegnete Familie bewohnte zwei Räume, von denen der eine mit als Küche diente. Der ganze Hausrat und auch manches Stück, das man kaum so bezeichnen konnte, wurde nachts als Bettstätte verwendet. Man schlief in einer herausgezogenen Kommodenschublade, auf der von den Beinen abgehobenen Tischplatte, im großen Wäschekorb, auf Gurten-Feldbetten, die tagsüber zusammengeklappt waren. Vater Sieffert verließ jeden Morgen vor Tagesanbruch, wenn die anderen noch schliefen, mit einer Schiebkarre das Haus und begab sich nach der Markthalle, wo er eine Last des billigsten Gemüses der Jahreszeit erstand, sie wohl auch von den gutmütigen Grünkrämerinnen halb oder ganz geschenkt bekam. Dann sprach er bei einer Bäckerfrau vor, die ihm die altbackenen Brotreste des vorigen Tages aufbewahrte und um den halben Preis überließ, fuhr seinen Einkauf heim, schüttete ihn auf ein zu diesem Zweck ausgebreitetes Laken und rief der Mutter Sieffert zu: "Guten Morgen, Mutter. Für den heutigen Tag hat Gott wieder gesorgt.«
Größern Kummer machte die Kleidung. Jeder Lappen, dem ein Kind entwuchs, ging auf das nächste über und glitt die ganze Stufenleiter bis zum jüngsten hinab, wenn er seine absteigende Laufbahn nicht unterwegs wegen vollständiger Aufgetragenheit vor ihrem natürlichen Ende beschließen mußte. Die Beschaffung des Schuhwerks bereitete unüberwindliche Schwierigkeiten. Vollzählig war der Bestand niemals zu erhalten. Welches von den Kindern notwendig ausgehen mußte, zog das seiner Größe ungefähr angemessene Paar Schuhe an, dessen theoretischer Eigentümer mittlerweile in Pantoffeln oder barfuß das Zimmer hüten mußte.

Einmal geschah es, daß der Zufall die Siefferts durch einen kleinen Gewinnst in der Lotterie begünstigte. Für das Geld wurde nach ganz kurzer Beratung – die Leute wußten genau, was sie wollten – zunächst sämtlichen Kindern je eine Portion Gefrorenes gekauft, wonach die älteren seit manchen Jahren eine aussichtslose Sehnsucht geäußert hatten, und dann wurden auf einen Ruck sechzehn Paar kräftig gebauter Schuhe angeschafft, was der ganzen Familie, zum erstenmal seit ihrem Bestand, die Möglichkeit gewährte, gleichzeitig einen Sonntagsspaziergang nach dem Stadtwäldchen zu unternehmen, ein Ereignis, das in allen Straßen, durch die der Zug sich lärmend wand, fröhliches Staunen erregte. Ein Restbetrag sollte nach Übereinkunft der Eltern in einem siebzehnten Paar Schuhe angelegt werden – sie wollten einmal im Leben das Hochgefühl des Überflusses kennen! – nur bestand Vater Sieffert darauf, daß es für die Mutter, und Mutter Sieffert, daß es für den Vater sei, woraus sich zwischen ihnen ein heftiger Streit entwickelte, der erste seit Menschengedenken in dieser sonst so einigen Familie, deren beide enge Wohnräume zu allen Stunden, kaum mit Ausnahme der Schlafzeit, von Gelächter und Gesang erfüllt waren.

Vater Sieffert war ein sehr ordentlicher Mensch und man konnte sich allerwegen auf ihn verlassen. Wenn er bei Herrschaften aufwartete, trank er während der Bedienung nie einen verstohlenen Tropfen. Erst wenn der Dienst zu Ende war, bezechte er sich rasch, aber so gründlich, wie es die Menge der Weinneigen gestattete, – denn eine unangebrochene Flasche um die Ecke zu bringen ging ihm gegen das Gewissen –, packte an Geflügelresten und besonders an Nachtisch in einen zu diesem Zwecke mitgebrachten Leinensack, was er irgend bekommen konnte, und torkelte mit seinem ehrlich erworbenen Affen und den Leckerbissen zu den Seinen heim, die ihm um der letzteren willen den erstem verziehen und ihn nachsichtig seinen Schwips ausschlafen ließen, indes sie dem Mitgebrachten Ehre erwiesen.

Vater Sieffert nahm, was gute wohlhabende Menschen ihm für seine Kinder geben wollten, aber er verlangte nie etwas. Er war immer zufrieden und behauptete bei Erkundigungen, er habe, was er brauche. Drückte jemand unzartes Bedauern über seine Kinderlast aus, so wurde er beinahe unwillig. Es sei keine Last, setzte er auseinander, sondern ein Segen. Wohl müsse er fleißig arbeiten, aber das sei gesund und verhindere das Stocken des Geblüts. Bargeld könne er freilich einstweilen nicht auf die hohe Kante legen, aber seine Kinder seien seine Sparkasse, und wenn erst alle großgezogen sein und zu verdienen anfangen würden, so würden sie gar nicht wissen, wohin mit dem vielen Gelde. Inzwischen habe er den Vorteil, wohlfeiler zu leben als jeder andere, denn er kaufe alles dutzendweis und da sei es erheblich billiger als einzeln. Dazu feixte er dann und rieb sich fröhlich die Hände.

Mutter Sieffert allerdings faßte das Leben weniger vergnügt auf als ihr leichtblütiger Gatte. Die Hauptbürde wuchtete eben auf ihren armen Schultern. Sie hatte die vierzehn größeren und kleineren Mäulchen zu füllen, sie die vierzehn Rücken zu bedecken, daß sie sich in der Schule und Werkstatt anständig sehen lassen konnten, sie die Kinder zu pflegen, wenn sie erkrankten, was nie einzeln, sondern stets gleich reihenweis geschah. Selbst in den Wochen und während sie stillte blieb sie die Triebkraft des Hauswesens, ihr Dasein war rastlose, fast übermenschliche Arbeit und als einzige Erholung sah sie die einsamen traurigen Gänge nach dem Kirchhof an, wo sie zwei- oder dreimal des Jahres die kleinen Grabhügel der verlorenen Kinder mit Blumen schmückte.

Die Sprößlinge in ihrer fast lückenlosen Orgelpfeifenordnung dankten der aufopfernden Pflege mit blühendem Aussehen. Sie waren alle rund und rotbackig wie Winteräpfel und erregten den Neid reicher Eltern, die mit auserlesener Nahrung und feiner Wartung nicht zuwege bringen konnten, was die Siefferts mit altbackenem Brot, Kartoffeln, Rüben und Kohl und mit spartanischer Behandlung erreichten.

Die Älteste, Lene, die seit ihrer Einsegnung bei einer Nähfrau arbeitete und vier Jahre später genug verdiente, um sich selbst und fünf kleinere Schwestern ganz flott zu kleiden, war mit achtzehn Jahren zu einer auffallenden Schönheit entfaltet: groß, voll, blond, blauäugig, ein edles längliches Gesicht von Milch und Blut und zwei Zahnreihen, wie man sie in der Stadt bei armen Leuten kaum noch antrifft. In der Werkstatt war sie die unbestrittene Königin der zwanzig Nähmädchen, die sie wegen ihrer frischen Reize ebenso bewunderten, wie sie sie wegen ihrer Gefälligkeit und unversiegbar sprudelnden Heiterkeit liebten. Auf den winterlichen Sonnabendkränzchen des evangelischen Jugendbundes, in dem Vater Sieffert das Ehrenamt eines Kassenboten bekleidete – die nicht sehr zahlreiche Gemeinde hielt in der weitaus überwiegend katholischen Stadt eng zusammen –, war sie die Zentralsonne der um sie kreisenden männlichen Jugend. Obschon eine kaum erschlossene Knospe, war sie bereits das Ziel eifriger Bewerbung, die sie mit unbekümmert leichtblütigem Frohmut, ihrem Vatererbe, aufnahm oder abwies, wie man es auffassen will. Nur ein Tänzer, der seit dem Winterbeginn nicht von ihrer Seite wegzuscheuchen war, sowie sie mit den Eltern und zwei oder drei größeren Geschwistern den Vereinssaal betrat, trieb ihr das Blut in die Wangen und machte ihren Lachmund ernst. Das war ein gewisser Niklas Brunner, ein junger Riemergeselle, der eben vom Militär heimgekommen war und sich wieder in sein Handwerk einzuarbeiten begonnen hatte. Sie hatte es ihm sichtlich angetan und er gab sich keine Mühe, es ihr zu verheimlichen. Sie lachte anfangs, wie es ihrem Wesen entsprach, wenn er mit ihr schön tat, als sie aber bemerkte, daß ihr Herz bei seinem Kurschneiden heftiger und etwas schmerzhaft klopfte, verbot sie ihm eines Abends in der Tanzpause das Süßholzraspeln. Daraus entspann sich zwischen den beiden ein schnippisches Wörteln.

"So darf man etwa ein schönes Mädchen nicht mehr lieb haben?«

"Das hebt man am besten für seine Braut auf.«

"Da seh mal einer das altkluge Ding! Zum Heiraten sind Sie doch noch zu jung!«

"Dann auch zum Liebhaben.«

"Aus dem einen kann das andere werden.«

6

"Wie soll ich das verstehen?«

"Lassen Sie sich's von der Kartenaufschlägerin erklären, Sie kleine Duckmäuserin.«

Sie wendete sich schmollend weg, da begann die Tanzmusik wieder, er faßte sie herzhaft und während er sie flink im Walzer drehte, flüsterte er, sein Auge dreist ins ihrige bohrend: "Ich hätte Sie schon gebeten, sich mir zu versprechen, in ein, zwei Jahren hoff' ich, eine Frau heimführen zu können, ich fürchte mich nur ein bischen vor Ihnen.«

Sie warf ihm einen erstaunten Blick zu. "Fürchten?«

"Nun ja,« gab er lachend zurück, "die vielen Kinder sollen erblich sein. Ich weiß nicht, ob ich's vertragen würde, vierzehn Nestlinge –«

Bei dieser Derbheit des ungewaschenen Burschen ließ sie ihn mit flammenden Wangen plötzlich los, eilte an den Tisch der Eltern und wollte an dem Abend von Niklas nichts mehr wissen.

Am folgenden Ostersonntag war es, da sah Mutter Sieffert durch das kleine Fenster ihrer Vorderstube, das auf den Hausflur ging, wie ihr Mann anscheinend in vertrautestem Gespräch mit Herrn Behr hereinkam und wie Herr Behr mit einem langen Händedruck von ihm Abschied nahm. Sie war bei diesem Anblick starr vor Staunen. Herr Karl Emil Behr war der Eigentümer des Hauses, worin sie als Pförtnerin waltete. Er galt für einen der reichsten Männer der Stadt, bekleidete in der Gemeinde hohe Kirchenämter, war Stadtverordneter und Geheimer Kommerzienrat. Wie kam dieser große Mann dazu, mit Sieffert Händedrücke auszutauschen?

Sie bestürmte ihren Mann bei seinem Eintritt mit Fragen, er aber lachte nur still vor sich hin, schüttelte von Zeit zu Zeit den Kopf und setzte sich wortlos an den gedeckten Tisch, denn er hatte an dem großen Feiertage bis lange nach beendetem Gottesdienst in der Kirche zu tun und es war reichlich mittag, als er nach Hause kam.

Das Staunen seiner Frau wuchs. Vater Sieffert besaß drei Röcke: den schwarzen Hochzeitsrock – er war in zwanzig Jahren noch nicht zu eng geworden – für die Kirche und die Kassenbotengänge, die graue

Jägerjoppe mit grünen Aufschlägen und Hirschhornknöpfen für die Aushilfen bei Tische, den grauen Zwilchkittel für die Markthalle und das Haus. Hatte er der Pflicht halber die erste oder zweite Garnitur an, so war es, kaum daß er die Schwelle überschritten, seine erste Bewegung, den Rock oder die Joppe mit ehrerbietiger Sorgfalt wegzuräumen und den Kittel anzuziehen. Diesmal aber vergaß er diese unabänderliche Gewohnheit von Jahrzehnten und behielt den schwarzen Rock an, auf die Gefahr hin, ihm beim Essen einen Fleck beizubringen.

"Mann! Wo hast du deinen Kopf! Deinen Rock!« rief sie beinahe erschrocken. Er fuhr wie aus einem Traum auf, warf einen verwirrten Blick auf seine Ärmel und Schöße, sprang auf und holte den versäumten Kleiderwechsel nach.

"Was hat der Herr Geheimrat dir so eifrig zu erzählen gehabt?«

Er lachte nur hell auf, schüttelte wieder den Kopf und begann seine dicke Kartoffelsuppe mit Speckwürfeln zu löffeln.

"So rede doch, Mann! Was gibt es?«

"Später, später, Mutter. Du versäumst nichts. Laß mich jetzt essen.«

Er hatte aber das Festtagsgericht noch nicht aufgezehrt, da ging die Tür auf und vor den überrascht aufspringenden sechzehn Ansassen des Tisches – das Kleinste noch im Kinderstühlchen – zeigte sich der alte Diener des Geheimrats, der grinsend und blinzelnd einen schweren Picknickkorb mitten auf den Tisch stellte, der Frau Sieffert zunickte. "Vom Herrn Geheimrat! Wohl bekomm's!« sagte und unverweilt wieder verschwand.

Die Alten und die Kinder waren ganz verschüchtert. Lene überwand zuerst die Scheu, hob den Deckel auf und begann auszupacken. Sie brachte der Reihe nach einen ganzen gekochten Schinken, einen Napfkuchen, zwei Schachteln Mandeln und Rosinen und vier Flaschen Rotwein zum Vorschein. Die ganze Tafelrunde starrte auf diese Herrlichkeiten wie auf ein Blendwerk, an dessen Wirklichkeit trotz des Augenscheins niemand glauben mag. Diese Verblüffung verschwand jedoch sofort, als Vater Sieffert, der zuerst die Fassung wiederfand, behend eine Flasche entkorkte und sich und der Mutter einschenkte. Das kurze Mittagmahl hätte nach der Specksuppe mit etwas Schmorfleisch schließen sollen. Es wurde um den sofort tapfer angehauenen Schinken und den Napfkuchen verlängert und da auch noch der gänzlich ungewohnte Wein hinzukam, von dem die vorsorgliche Frau Sieffert vergebens zwei Flaschen für Krankheit oder künftige Feste zu retten suchte, steigerte die Stimmung sich rasch zu jauchzendem Übermut, der sogar das unverständige Jüngste zu lustigem Krähen, Händeklatschen und Strampeln anregte.

Frau Sieffert ließ nicht ab, die Frage zu wiederholen, was das alles bedeute. Vater Sieffert hörte nicht auf sie, sondern schmauste seelenvergnügt weiter, bis alles so pumpsatt war, daß es einmütig die vom Vater mit überlauter Stimme angebotenen Nachlieferungen zurückwies. Dann erst führte er sich ein letztes Glas zu Gemüte, wischte sich den Mund mit dem Kittelärmel, erhob sich, winkte seiner Frau, ihm zu folgen, und ging ihr in das zweite Zimmer voran. Er verriegelte die Tür hinter sich, ließ sich auf einen Strohsessel niederwuchten, daß die Beine krachten, und begann wieder kopfwackelnd vor sich hin zu lachen.

"Laß doch die dummen Faxen,« brummte Frau Sieffert ungeduldig, "wirst du mir endlich sagen ...?«

"Gleich, gleich, Mutter. Es ist zu komisch. Also weißt du, was es Neues gibt?«

"Nun?«

"Der Herr Geheimrat will Lene heiraten.«

"Unsere Lene?« schrie Frau Sieffert auf und ihre Wangen verfärbten sich.

"Wahrscheinlich.«

"Du bist verrückt!«

"Warum denn ich? Vielleicht der Herr Geheimrat.«

"Er hat dich darauf angeredet?«

"Das kannst du dir doch denken. Wie käm ich sonst darauf.«

"Und was hast du gesagt?«

"Daß ich es euch sagen werde.«

"Warum hast du ihm nicht gleich gesagt, was du denkst?«

"Ja, was denk ich denn?«

"Nun, doch wohl, daß es eine Sünde und Schande ist! Ein solcher Einfall! Wer hätte das für möglich gehalten! Tut so fromm und ehrbar – verdreht die roten Triefaugen – hat immer Gott den Herrn im Hängemaul – und schämt sich nicht, nach unserer Lene zu schielen, nach einem halben Kind –«

"Rege dich nicht auf, Mutter. Überlege dir's ruhig –«

"Was ist da zu überlegen –«

"Laß mich ausreden. Der Herr Geheimrat ist vielleicht der reichste Mann in der Stadt.«

"Willst du unsere Lene verkaufen?«

"Unsinn, verkaufen! Nein. Versorgen.«

"Mit einem Siebziger!«

"Einundsiebzig ist er alt. Zu Lichtmeß vor einem Jahr haben wir ihm mit den Kindern zu seinem siebzigsten Geburtstag gratuliert, erinnerst du dich nicht?«

"Einundsiebzig! Noch besser.«

"Ganz richtig; noch besser. Mann und Frau sollen im Alter nicht zu weit auseinander sein. Aber wenn der Unterschied mindestens fünfzig Jahre ausmacht, oder gar dreiundfünfzig wie hier, dann geht es wieder.«

"Auf den Tod eines Menschen spekulieren! Ist das rechtschaffen?«

"Mutter, sei nicht übertrieben. Kein Mensch kann ewig leben. Du weißt, wie es im schönen Psalm heißt: Des Menschen Leben ist siebenzig, und wenn es hoch kommt, so sind es achtzig. Seit einem Jahr ist dem Herrn Geheimrat eigentlich jeder Tag geschenkt. Laß ihn noch ein paar Jahre leben, dann ist Lene eine Zwanzigerin in der schönsten Blüte, und reich, und angesehen. Was hindert sie dann, sich wieder zu verheiraten, wie sie will, und glücklich zu leben wie eine Prinzessin in den Geschichten?

Bist du denn sicher, daß sie bis dahin einen passenden Mann findet, wenn sie eine ledige arme Näherin bleibt? Ist es besser, in ihren jungen Jahren sich die Finger wund zu sticheln und die Augen matt zu gucken, als eine große Dame zu sein und in Hülle und Fülle zu leben?«

"Mit einem solchen Aas an der Seite!«

"Wirst du wohl schweigen! Der Alte wird sie nicht viel stören. Er wird schon zufrieden sein, wenn man ihn ruhig in seinem Lehnstuhl sitzen läßt und ihm von Zeit zu Zeit die Schlummerrolle zurechtrückt.«

Frau Sieffert erwiderte nichts und ihr Mann blieb auch eine Weile still. Aus dem Vorderzimmer tönte das Schreien, Lachen und Poltern der Kinder herein, die ein lärmendes Spiel begonnen hatten. Lene war die lauteste von allen.

Vater Sieffert folgte seinen Gedanken, die eine neue Richtung einschlugen. "Stellen wir uns meinetwegen vor, der Herr Geheimrat würde Lene für die paar Jahre, die ihm noch bleiben, als Krankenpflegerin zu sich nehmen wollen und ihr ein gutes Gehalt anbieten. Würdest du ihr raten, die Stelle auszuschlagen?«

"Du redest dummes Zeug. Das ist doch etwas anderes.«

"Kaum. Der Unterschied ist, daß Lene beim Geheimrat eine Oberkrankenpflegerin sein würde. Für die gröbere Arbeit würde sie Dienstboten haben. Sie wäre nur der Sonnenschein im Krankenzimmer, der tägliche Blumenstrauß auf dem Nachttisch.«

Im Geheimen bewunderte Mutter Sieffert die schöne Redekunst des Flickschneiders, aber sie wollte es nicht merken lassen. "Es ist eine Sünde und Schande. Dabei bleibe ich.«

"Eine Schande? Einen schweren Millionär, einen Geheimrat, einen Stadtverordneten, einen Kirchenältesten zu heiraten? Wie hoch willst du denn mit Lene hinaus? Sie soll wohl einen Prinzen bekommen? Und eine Sünde, wenn sie einem guten alten Menschen barmherzig den Lebensabend verschönt und zugleich das vierte Gebot fromm erfüllt?«

"Wie bringst du da das vierte Gebot herein?«

"Ehre Vater und Mutter, auf daß es dir wohlergehe auf Erden. Wenn Lene Frau Geheimrat Behr wird, so handelt sie als eine gute Tochter und Schwester, denn sie macht ihre Eltern und ihre ganze Familie glücklich. Der Geheimrat hat sich darüber weitläufig ausgelassen. Er würde es für seine Schuldigkeit halten, die Angehörigen seiner Frau schicklich zu versorgen. Mir sagt er das Amt eines Kassenboten der Gemeinde zu. Der alte Umbrecht soll nämlich nächstens in den Ruhestand treten. Das wäre etwas für mich. Denke, wenn der Mensch monatlich sein Gewisses hat! Da könnt' ich auch einmal im Leben in den hellen Tag hinein schlafen. Und dir würde es auch gut tun, wenn du das Waschen lassen könntest, ehe sich dir der Rheumatismus in die Knochen setzt. Und die Kinder, die nicht mehr barfuß laufen müßten und in der Schublade schlafen – was meinst du wohl, Alte?« Er versetzte ihr einen herzhaften Klaps mit der flachen Hand auf die Schulter und sah ihr lachend in die Augen.

"Mensch, ich begreife nicht, wie du lachen kannst,« murrte sie und zog sich unwillig zurück.

"Es ist doch zum Lachen, Mutter. Dieser Alte – wenn ich mir vorstelle, daß er auf Freiersfüßen geht und dem jungen Blut schön tut – in Ehren, versteht sich, in allen Ehren – da kann niemand ernst bleiben.«

"Du lachst und Lene wird sich die Augen ausweinen.«

"Warum denn? Sie wird auch lachen, wenn auch nicht dem Alten ins Gesicht. Es geschieht ihr doch nichts. Es ist eine Komödie. Sie dauert ein paar Jährchen und dann ist Lene ihr Leben lang glücklich.«

"Laß es darauf ankommen. Sag' es Lene. Du wirst ja sehen, ob sie lacht.«

Er bedachte sich keinen Augenblick. Der Riegel fuhr zurück, die Tür flog auf und Vater Sieffert rief in das Getümmel der Vorderstube: "Lene! Komm mal herein.«

Das junge Mädchen löste sich von einem Reigen los und kam wie ein Wirbelwind hereingesaust. "Was soll ich, Vater?«

Der Alte verschloß die Stube wieder, stellte sich vor seine Tochter hin, erfaßte ihre Hand und sagte ihr mit breitem Lächeln: "Nimm dich

zusammen, Kind, es gibt einen Bums. Eins – zwei – drei – Man hält um
dich an.«

"Der Brunner Niklas!« entfuhr es ihr. Brennende Röte überflog jäh ihre
ohnehin erhitzten Wangen und ihr beschleunigter Atem stockte.

"Der Brunner Niklas?« fragte der Alte überrascht, während auch Frau
Sieffert erstaunt aufblickte. "Ei ei, das ist ja ganz was Neues. Nein, Kind,
das Bürschchen wirst du dir gefälligst aus dem Kopf schlagen. Gott sei
Dank, wir haben es mit anderen Herrschaften zu tun. Na kurz, um dich
nicht zappeln zu lassen: um dich wirbt der Geheimrat Behr!«

"Der Geheimrat Behr!« wiederholten ihre Lippen tonlos, Totenblässe
löste auf ihren Wangen den Purpur ab und ihr entsetzter Blick flüchtete
sich zur Mutter. Diese breitete die Arme aus und Lene warf sich ihr an
die Brust. "Das kann doch nicht sein, Mutter, sage?«

"Es ist,« antwortete Frau Sieffert dumpf und streichelte ihr das wellige
Blondhaar.

"Ich will nicht!« schrie sie leidenschaftlich auf. "Dieser Schneemann –
lieber sitzen bleiben. Lieber einen grauen Zopf kriegen. Lieber ins
Wasser gehen.«

"Rede dich nicht in eine dumme Aufregung hinein,« mahnte der Vater,
zog die Widerstrebende mit sanfter Gewalt von der Mutter weg zu sich,
drückte sie auf den Stuhl an seiner Seite und fuhr begütigend und
einschmeichelnd fort: "Du bist ein Kind, dumm und unerfahren. Du
weißt nichts. Höre auf verständige Leute. Du wirst eine steinreiche
Dame –«

"Ich bin mit trockenem Brot zufrieden.«

"Das hast du lang genug gegessen und wir mit dir. Jetzt soll es besser
kommen. Der Geheimrat will uns alle glücklich machen. Und dich am
glücklichsten.«

Lene warf den Kopf empor und blickte den Vater mit flammenden
Augen an.

"Und dich am glücklichsten, sag ich,« wiederholte er mit Nachdruck. "Du wirst wie eine Königin leben und in Sammt und Seide gehen und Brillanten tragen, daß den Leuten die Augen übergehen werden. Und du wirst für deine Brüder und Schwestern sorgen können und für deine Mutter, die sich dann nicht mehr zu rackern braucht. Von mir red' ich nicht. Ich verlange von niemand etwas. Ich habe mir immer mein Brot verdient, mir und den Meinen, und will es weiter so halten. Der Geheimrat wird dich auf Händen tragen. Und was will er denn von dir? Nichts anderes, als daß du um ihn bist. Du sollst seine Augenweide sein, sein Augentrost. Er will dir ein Vater sein –«

"Ich habe einen Vater,« unterbrach ihn Lene heftig.

"Doppelt genäht hält stärker, Kind, ich bin ein Schneidermeister und muß es wissen. Der neue Vater kann mehr für dich tun als leider der alte. Ja, wenn meinen Großvater nicht die Franzosenzeit ums Vermögen gebracht hätte –«

Wenn er auf den sagenhaften einstigen Glanz seiner Vorfahren zu sprechen kam, fand Sieffert kein Ende. Seine Frau, die das wußte, schnitt ihm rasch das Wort ab. "Lene, du weißt jetzt, wie es steht. Sag dem Vater, was du meinst.«

"Mutter, ihr wollt mich nicht opfern.«

"Opfern?« fiel Sieffert ein, "wo nimmst du das her? Ich bin nicht Abraham und du bist nicht Isaak, schon weil du ein Mädel bist –« er lachte sich selbst Beifall – "von einem Opfer ist keine Rede. Ich will dein Glück und es wird dein Glück sein.«

Als Lene stumm blieb, fuhr der Vater eindringlich fort: "Also entscheide dich, Kind –«

"Sie wird sich die Sache doch etwas überlegen dürfen,« sagte Frau Sieffert gereizt.

"Was ist da zu überlegen? Bis morgen oder übermorgen wird doch der Herr Geheimrat nicht jünger werden, sondern älter. Also rasch. Ich muß dem Herrn Geheimrat Bescheid sagen. Er wartet darauf. In seinem Alter ist Aufregung kein Spaß. Wenn die Freude seiner Gesundheit schaden sollte, so kann ich das vor meinem Gewissen verantworten. Aber wenn ihn vor Ungeduld der Schlag rührt, würde ich mir Vorwürfe machen müssen. Heraus mit der Sprache.«

"Also nein, Vater, nein, nein und nein!« rief Lene heftig, verbarg das Gesicht an der Brust der Mutter und brach in Schluchzen aus.

"Das macht vier nein,« bemerkte Sieffert kaltblütig; "drei zu viel. Schön. Ich gehe jetzt zum Herrn Geheimrat hinauf und melde ihm, daß sein Anliegen vorgebracht ist. Er kommt dann selbst und du kannst ihm dein "Nein!« ins Gesicht wiederholen, wenn du ein dummer Starrkopf sein willst.«

"Ich laufe weg!« rief Lene wild.

"Sehr wohl. Und wir können das Bündel schnüren.« Er zog seinen Kittel aus, fuhr wieder in den feierlichen Gottfried, langte sich den struppigen Zylinder und ging, Mutter und Tochter bestürzt und ratlos zurücklassend.

In der Tat, es dauerte keine zehn Minuten, da komplimentierte Vater Sieffert den geheimen Kommerzienrat Karl Emil Behr lächelnd und katzbuckelnd durch das Vorderzimmer, wo bei seinem Eintritt die erschrockenen Kinder plötzlich zu tollen aufhörten, in die zweite Stube und sagte: "So, Herr Geheimrat. Hier ist die Kleine. Ein bischen scheu – sie ist ja auch noch so jung. Nun, Sie werden sie schon kirre machen, wenn Sie sich mit ihr recht von Herzen aussprechen.« Dann winkte er seiner Frau gebieterisch mit Kopf und Blick, bis sie zögernd und verlegen hinausgegangen war, folgte ihr rasch und schloß die Tür hinter sich. Die Mutter setzte sich in eine Ecke des Vorderzimmers, faltete die Hände im Schoß und starrte vor sich hin. Vater Sieffert ließ sich am Tische nieder, aß einige übrig gebliebene Mandeln und lächelte von Zeit zu Zeit. Die Kinder, die eine dunkle Ahnung hatten, daß da drinnen etwas Außergewöhnliches vorging, drängten sich in Klumpen zusammen und flüsterten bang.

In der Stube hatte Lene sich erhoben und stand bleich, verwirrt, mit niedergeschlagenen Augen vor Herrn Behr. Dieser war ein mittelgroßer, schwerer Mann mit einem langen weißen Bart, einer etwas hängenden starken Unterlippe und schlaffen Wangen von der Farbe welker Blätter. Er ließ den Blick der blauen Triefaugen mit den Wassersäcken an den Unterlidern eine Weile schweigend auf dem schönen Mädchen ruhen, dann zog er aus einer Tasche ein Seidenpapierpäckchen hervor, wickelte es langsam auseinander und sagte mit tiefer, gedämpfter, in deutlicher Bewegung bebender Stimme: "Wollen Sie erlauben, liebe Lene?« Gleichzeitig ließ er ihr eine schön gearbeitete schwere Goldkette über den geneigten Kopf auf den weißen Nacken niedergleiten. Lene fuhr mit einem leisen Ausruf zurück. "Nicht doch, Herr Geheimrat – bitte –« und faßte nach dem Geschmeide.

Der alte Mann nahm ihre Hand und führte sie sanft von der Kette weg. "Machen Sie mir die Freude. Nehmen Sie die Kleinigkeit. Sie verpflichtet Sie zu nichts. Wie immer Ihre Antwort ausfällt, einige schöne Augenblicke haben Sie mir altem Manne schon jetzt geschenkt. Lassen Sie mich Ihnen dafür durch eine Gegengabe danken.«

Er sprach so gütig, so zärtlich, so demütig – es ging dem gutmütigen Mädchen zu Herzen. Ein alter Mann ist vielleicht doch nicht solch ein Scheusal, wie man sich vorstellt. Flüchtige Betrachtung ließ sie erkennen, daß der Schmuck prachtvoll war. Der Schieber, welcher die Kette zusammenhielt, stellte eine Schlange dar, deren Kopf ein großer Brillant und Rubin schmückten. An der Kette hing ein Ührlein mit brillanten- und rubinenbesetztem Deckel. Und diese Kostbarkeiten sollten ihr gehören!

"Sie nehmen an – nicht wahr?« fragte er eindringlich, ihre Hand immer noch in der seinen haltend.

"Ich weiß nicht – ob ich darf –« flüsterte sie stockend.

"Abgemacht. Ich bin glücklich, daß ich Sie schmücken durfte. Und nun setzen Sie sich und hören Sie mich freundlich an.«

Er ließ sich neben ihr nieder, sammelte sich ein wenig und hob dann langsam und innig zu sprechen an.

"Es mag sehr dreist scheinen, daß ein so alter Mann ein so junges Geschöpf heiraten will. Lächerlich werden Sie mich aber nicht finden, wenn Sie mich erst recht verstanden haben. Vor sieben Jahren habe ich meine Frau verloren, nach siebenunddreißigjähriger glücklichster Ehe. Vor fünf Jahren habe ich meine jüngste Tochter verheiratet. Seitdem bin ich allein. Ich habe immer lustiges Leben um mich gehabt. Ich kann mich an die Einsamkeit nicht gewöhnen. Sie gibt mir einen Vorgeschmack des Todes. Meine große Wohnung ist wie ein großes Grab, so still und leer. Mit Ihnen würde wieder Leben einziehen. Ich wäre ja schon zufrieden, wenn Sie als Gesellschaftsdame zu mir kämen, wenn Sie mir die Wirtschaft führen wollten, so daß ich Sie immer in meiner Nähe hätte. Aber das ist nicht möglich. Trotz meines Alters und Ihrer Jugend. Wegen der Welt. Ich kann mich Ihrer Nähe nur erfreuen, wenn Sie meine Frau werden.«

Sie hatte wiederholt schwache Versuche gemacht, ihre Hand zurückzuziehen. Er gab sie jedoch nicht frei.

"Lenchen, Sie sind in diesem Hause geboren. Sie sind unter meinen Augen aufgewachsen. Die erste Puppe, die meine Frau Ihnen beschert hat, habe ich für Sie eingekauft. So lang Sie klein waren, sind Sie mir immer zugelaufen und haben mir die Hand geküßt, wenn Sie mich auf dem Hofe erblickten, und ich habe Ihnen das blonde Köpfchen gestreichelt. Meine Frau hat Sie lieb gehabt. Und als ich Sie diesen Winter auf unseren Jugendbundkränzchen beobachtete und Sie zu einem so blühenden, schönen, lieben Mädchen herangewachsen sah, da fühlte ich deutlich, daß meine Frau im Himmel es Ihnen danken würde, wenn gerade Sie etwas Sonnenschein auf meinen traurigen Lebensabend werfen würden. Das hat mir den Mut gegeben, vor Sie und Ihre Eltern hinzutreten.«

Lene wurde ganz weich und überließ ihm die Hand, die er zärtlich drückte.

"Schenken Sie mir ein paar Jahre Ihres teuern Lebens. Ich weiß, ich verlange viel von Ihnen. Aber ich wage es. Denn Sie sind so lieb und gut, wie Sie schön sind. Wie lange dauert es denn? Ich bin nicht weit von achtzig. Bald begraben Sie mich und sollen dann nicht um mich trauern, das verlange ich nicht, das will ich gar nicht. Sondern Sie sollen an mich denken wie an den besten Freund, den Sie im Leben haben konnten, und Sie sollen sich bis an Ihre Sterbestunde darüber freuen, daß Sie an einem Menschen ein barmherziges Werk getan haben; an einem Menschen, der Ihre Güte vielleicht verdient, denn er hat auch immer gut zu sein getrachtet. Vor Ihnen brauche ich mich nicht zu rühmen. Sie kennen mich ja.«

Seine Stimme zitterte stärker, er beugte sich über ihre Hand, küßte sie und sie fühlte Tränen darauf tropfen. Das war zu viel für sie. Sie begann ebenfalls zu weinen und erwiderte leise den Druck seiner Hand.

"Also ja?« flehte er.

"Ja,« hauchte sie.

Er faßte ihren Kopf mit beiden Händen, drückte einen Kuß auf ihren Scheitel und auf ihre Stirn, erhob sich schwer, nahm sie an der Hand und führte sie langsam und feierlich in die Vorderstube.

Als die Tür sich öffnete, sprang Sieffert auf. Behr ging an ihm vorbei zur Frau Sieffert, reichte ihr die Hand und sagte: "Ich bin glücklich, Sie als meine künftige Schwiegermutter begrüßen zu dürfen.« Frau Sieffert erhob sich, bemerkte auf den ersten Blick die wunderbare Kette um den Hals ihrer Tochter und ging ihr sprachlos mit ausgebreiteten Armen entgegen. Sieffert rief laut: "Gratuliere! Gratuliere!« und machte Miene den alten Herrn zu umarmen, der sich betreten der handgreiflichen Vertraulichkeit erwehrte. Die Kinder waren starr und stumm und blickten mit ganzer Seele aus weit aufgerissenen Augen. Nur Betty, die dreiste Dreizehnjährige, brach in lautes Gelächter aus, was ihr im Nu eine schallende Ohrfeige von ihrem Vater zuzog. Sie heulte auf, von den Kindern war der Bann gelöst und in dem entstehenden Tumult machte der Geheimrat sich so schleunig, wie es seine Beweglichkeit gestattete, davon.

18

In den folgenden Tagen erlebte die Familie Sieffert eins jener Märchen, worin ein Glücklicher in den Besitz einer Wünschelrute gelangt. Sie verließ die beiden Erdgeschoßstuben am Hausflur, die zwanzig Jahre lang ihr enges Los immer zwängender umhegt hatten, und sah sich in eine eben leerstehende Wohnung zwei Treppen hoch emporgetragen. Sie schien Eltern und Kindern ungeheuer, denn sie bestand aus vier Zimmern, wovon zwei auf die Straße gingen, einer Küche und einer fensterlosen Kammer. Sie war nach landläufigen Begriffen sehr schlicht, fast dürftig eingerichtet, aber die Siefferts glaubten sich in einen Feenpalast versetzt und wagten zuerst kaum voll aufzutreten. Denn es standen in allen Räumen richtige Möbel, ein Auszugtisch aus Nußholz, eine Kredenz, Stühle mit Stoff überzogen, sogar ein Kanapee und zwei Lehnstühle und ein volles Dutzend Betten, beinahe eins für jedes Kind! Vater Sieffert stand nicht mehr vor Tags auf und entsagte dem Brauch, mit der Schiebkarre zur Markthalle zu ziehen. Der Tisch deckte sich zweimal täglich wie von selbst und bei jeder Mahlzeit gab es Fleisch. Mutter Sieffert wusch nicht mehr für Fremde und waltete nur noch in der Hülle und Fülle ihrer Wirtschaft. Die ganze Kinderschar war neu eingekleidet und herrlich beschuht und in zwei breiten Schränken bogen sich die Fachborde unter der Last der Leib- und Hauswäsche. Vater Sieffert verbannte die Jägerjoppe und den Zwilchkittel in die Kammer und trug nur noch den Bratenrock, denn der Herr Geheimrat hatte seine Zusage wahr gemacht und ihn zum Kassenboten der Kirchengemeinde ernennen lassen. Lene ging nicht mehr zur Nähfrau, es kamen vielmehr eine Schneiderin und Nähmädchen zu ihr und nahmen ihr das Maß zu Kleidern von wunderbaren Stoffen und zu einer Ausstattung aus feinem Leinen mit Stickerei und Spitzen. Im Frühling war man auch, die Sonne lachte durch weiße Vorhänge in die Stuben und die Gesichter von Alt und Jung lachten ihr wieder, das Glück rauschte mit hörbarem Flügelschlag durch die Räume, kicherte aus den Ecken und schimmerte aus Kisten und Kasten, Lene lebte wie in einem Rausch dahin, es wirbelte alles um sie und in ihr und auf ihrem Wesen lag ein Widerschein von der hellen Freude, die ihre Geschwister ausstrahlten.

Alle anderen um sie her waren so glücklich, daß das gutherzige, leichtblütige Mädchen sich mehrmals am Tage, wenngleich nicht beim Erwachen und Einschlafen, einredete, sie sei es auch.

Ihr greiser Bräutigam machte ihr diese fromme Selbsttäuschung nicht zu schwer. Er übte zartfühlende Zurückhaltung gegen sie. Er kam nicht einmal jeden Tag zu Besuche. Die zwei Treppen widersetzten sich offenbar seinem Verlangen, sie häufiger zu sehen. Überwand er diese Schwierigkeit und trat keuchend bei Siefferts ein, so nickte er schweigend nach allen Seiten einen Gruß, setzte sich in die Ecke, bis er wieder zu Atem kam, küßte die errötende Lene, die sich ihm befangen näherte, ehrerbietig auf die Stirn, plauderte mit der Mutter über das neue Amt ihres Mannes, über ihre Kinder, über den Fortgang der Arbeiten für Lenes Aussteuer, und ging nach einem Viertelstündchen mit Händedrücken für Alt und Jung.

Am Sonntag Jubilate, dem dritten nach Ostern, platzte die Bombe. In der Pfarrkirche fand das erste Aufgebot statt. Die Gemeinde traute ihren Ohren nicht, als die Namen von der Kanzel verkündet wurden. Nach dem Gottesdienste traten Gruppen zusammen und man versicherte sich zunächst durch wechselseitige Erkundigung, ob man auch richtig gehört hatte. Jawohl: Herr Geheimer Kommerzienrat und Kirchenältester, Witwer Karl Emil Behr, mit der Jungfrau Helene Sieffert, ältesten Tochter des Gemeindekassenboten Andreas Sieffert und seiner Ehefrau Marie geborenen Kullak! Dann ging ein Schwatzen und Klatschen los, das kein Ende nehmen wollte. Man war begierig, Näheres zu erfahren, forschte eifrig nach den Umständen, und da niemand etwas wußte, erfand jeder, je nach Gemütsart und Gesinnung, frisch von der Leber weg Günstiges und Abgünstiges, was die Neugierde mehr reizte als befriedigte. Nachmittags strömten nähere und selbst entferntere Bekannte scharenweise zu den Siefferts, angeblich um zu beglückwünschen, doch hauptsächlich, um der Klatschsucht zu fröhnen. Sie überzeugten sich von der eingetretenen Änderung der äußeren Verhältnisse und das mußte ihnen genügen, denn Frau Sieffert und Lene waren vom Geheimrat zu einer gemeinsamen Ausfahrt abgeholt worden und Vater Sieffert, der die Besucher empfing, war sehr wortkarg und gab zu verstehen, daß er mit seinen Kindern den schönen Maisonntag auf einem Spaziergange zu genießen wünsche.

Montag mittag war Vater Sieffert eben heimgekommen und schickte sich an, zu Tische zu gehen, als in der immer offenstehenden Küche hastige Schritte gehört wurden und ein Mann ohne anzuklopfen in die erste Stube drang, die auch als Eßzimmer diente. Sieffert stand überrascht auf. Er erkannte den ältesten Sohn des Geheimrats, den Dampfmühldirektor Behr, einen bereits angegrauten Vierziger.

"Sieffert, ich habe mit Ihnen zu sprechen,« stieß der Eintretende mit rotem Gesichte und Erregung in der Stimme hervor.

"Es ist zwar Eßstunde, doch wenn es sein muß –« erwiderte Sieffert, schickte mit einem Winke Frau und Kinder in das nächste Zimmer und bedeutete dem Besucher mit einer Handbewegung, Platz zu nehmen, während er sich wieder setzte.

Jener blieb stehen. Er folgte mit den Augen der etwas zögernd abziehenden Schar und wartete kaum ab, daß das hinterste die Tür geschlossen hatte. "Was soll das alles heißen?« rief er, "Mensch, was haben Sie mit meinem Alten angefangen?«

Sieffert blickte ihm gerade ins Gesicht. "Herr Direktor, den Hut könnten Sie vielleicht doch abnehmen. Wenn man auch arm ist, so hat man darum doch seine Ehre.«

Direktor Behr langte etwas hastig nach seinem Hut und murmelte etwas Unverständliches zwischen den Zähnen. Da Sieffert schwieg, fuhr er deutlich und grimmig fort: "Ich hab's nicht glauben wollen, trotz des Aufgebots. Aber mein Vater sagt, es stimmt.«

"Es stimmt auch wirklich.«

"Unmöglich. Das kann und darf nicht sein. Mein Vater weiß nicht mehr, was er tut. Es ist himmelschreiend! Hinter unserm Rücken! Daß wir nichts davon wußten, ehe der Skandal öffentlich wurde –«

"Skandal? Entschuldigen Sie –«

"Was! Das soll kein Skandal sein? Wenn mein Vater diese – diese Dummheit begeht, werden seine Enkel erheblich älter sein als ihre Großmutter.«

"Das ist freilich komisch,« meinte Sieffert gelassen und verzog den Mund zu einem breiten Lächeln.

"Komisch finden Sie das? Ich finde es empörend. Sie hätten doch merken müssen, daß der alte Mann kindisch geworden ist. Sie hätten mich oder eins meiner Geschwister verständigen müssen, damit wir unsern Vater unter Aufsicht stellten –«

"Entschuldigen Sie, Herr Direktor, Ihr Herr Vater ist so klar im Kopf wie Sie und ich. Sie sollten mit mehr Respekt von ihm reden. Das alte vierte Gebot ist immer noch –«

"Lassen Sie diese gleißnerischen Redensarten!« brach Behr wütend los. "Sie treten jetzt keinen Blasbalg in der Kirche. Schämen Sie sich, Ihr eigen Fleisch und Blut für Geld zu verkuppeln.«

Nun sprang auch Sieffert auf. "Herr Direktor,« kreischte er mit einer Stimme, die sich fast überschlug, "verlassen Sie augenblicklich meine Wohnung, oder ich werde mein Hausrecht gebrauchen.«

Behr stülpte den Hut auf den Kopf. "Ihr sollt von mir hören, elendes Pack,« knirschte er und ging mit großen Schritten davon.

Die Siefferts hörten auch von ihm, und zwar mannigfaltig. Der Geheimrat, bei dem Sieffert sich bitter über seinen ältesten Sohn beschwerte, erzählte stockend und mit Tränen in den Augen, der ungeratene Junge sei gekommen und habe sich erlaubt, ihm einen Auftritt zu machen. Er habe ihm die Tür weisen müssen. Nun hetze er ihm die übrigen Kinder an den Hals. Sie hätten ihm sogar mit gerichtlicher Entmündigung gedroht. Er fürchte freilich nichts, denn er wisse, daß er geistig nie gesunder gewesen sei als jetzt; aber solche Lieblosigkeit, solcher Undank sei herzbrechend; von Kindern, denen er immer ein treuer, sorgender Vater gewesen. Sie wollten mit ihm brechen, wenn er dabei bleibe, Lene zu heiraten. Sei es darum. Er bleibe dabei. Die Kinder finde er mit dem Pflichtteil ab. Dann hätten sie von ihm nichts mehr zu fordern, denn das Muttererbe hätten sie ohnehin schon. Lene aber sei ihm nie so notwendig gewesen wie jetzt. Sie müsse ihm die ganze Familie ersetzen, die er verloren habe.

Ein Rechtsanwalt kam zu Sieffert und bot ihm im Namen der Familie Behr einen für ihn ansehnlichen Betrag an, wenn er die Verlobung rückgängig machen wolle. Vater Sieffert ließ sich die Sache schriftlich geben und beeilte sich, das Papier dem Geheimrat auszuliefern. Dieser zerriß es wortlos und brachte am nächsten Tage für jedes der Sieffertschen Kinder ein Sparkassenbuch mit einer Einlage, welche insgesamt das von der Familie angebotene Abstandsgeld erheblich überschritt.

Nichts erschütterte die Vorsätze des Geheimrats und der Siefferts. An den Sonntagen Cantate und Rogate erfolgte das zweite und das dritte Aufgebot und Sonnabend vor Pfingsten fand die Trauung statt. Die Kirche war gesteckt voll. Von der Familie Behr war niemand da. Auch die gute Gesellschaft hielt sich streng fern. Nur das gewöhnlichste Volk drängte sich herzu. Die Stimmung dieser Menge war geteilt. Die älteren Frauen hatten meist gute Lust zu einem Haberfeldtreiben und sie enthielten sich nur darum lauter Kundgebung ihres Unwillens, weil einerseits der Geheimrat Behr denn doch eine geachtete, bis dahin vorwurfsfreie Persönlichkeit war, andererseits die Armut der Siefferts stadtbekannt war und man sie als mildernden Umstand gelten ließ. Die jungen Frauen und Mädchen hatten Mitleid mit Lene Sieffert. Sie zweifelten nicht, daß das schöne Mädchen sich für die Seinigen geopfert hatte und dem alten Mann seine frische Jugend als barmherzige Schwester darbringen wollte. Das war unter allen Umständen verdienstlich und ließ sie rührend und liebenswert erscheinen. Und warum sie auch beklagen? Sie war nun reich, zu langweilen brauchte sie sich auch nicht, wenn sie nicht auf den Kopf gefallen war, und bald versammelte sie wohl ihre Mitbürger in derselben Kirche zu einer schönen Leichenfeier …

Es ging ein lautes Gemurmel durch die Menge, als Lene im Brautkleid mit Kranz und Schleier am Arm ihres beinahe herausfordernd blickenden Vaters in neuem Sonntagsrock, dem ersten seit seiner Verheiratung, durch den Mittelgang zum Altar schritt. Sie war denn doch bleich und bang. Sie schlug die Augen nieder, um den sie anstarrenden Hunderten von Augenpaaren nicht zu begegnen. Sie hatte trotzdem nahe am Eingang im Vorüberschreiten den Brunner Niklas bemerkt, der an einem Pfeiler lehnte und ihr mit gepreßten Lippen und düster zusammengezogenen Brauen nachschaute. Das hatte ihr einen Stich ins Herz versetzt und sie war unwillkürlich rascher gegangen, um ihm aus den Augen zu kommen. Es schien ihr, sie sollte Kranz und Schleier abnehmen und umkehren. Aber für heftige Handlungen war sie nicht geschaffen. Sie war sanft und ergeben. Nur konnte sie nicht verhindern, daß ihr Tränen in die heute schwermütigen blauen Augen quollen.

Der Pastor (Primarius) hatte Unwohlsein vorgeschützt. Ein Hilfsgeistlicher nahm die Trauung vor. Die ganz kurze Predigt bestand aus einigen verlegenen Redensarten über die Verdienste des Bräutigams, über seine bekannte Wohltätigkeit und Gottesfurcht, die ihm ein Anrecht auf spätes Glück gäben; sie schloß mit dem Wunsche, daß dies Glück seinen Lebensabend lange verklären möge.

Der Geheimrat vermied es, jung und stramm zu tun, den selbstgefällig prahlerischen Hahn zu spielen, als er nach der Trauung seine achtzehnjährige Frau in die Sakristei führte. Er hatte vielmehr gegen sie die Haltung eines väterlichen Freundes, der zärtlich über ihre Schritte wachte und ihr junges Haupt beschützte. Das hielt eine alte Fraubase nicht ab, hinter ihm her das Zeichen von Hörnern über der Stirn zu machen. Eine Nachbarin riß ihr die Hände herunter. Andere lachten. Der Neuvermählte merkte nichts von der niedrigen Verhöhnung.

An dem Hochzeitsschmaus nahmen nur die Siefferts teil, da alle Bekannten des Geheimrats die Einladung abgelehnt hatten. Trotz der geräuschvollen Lustigkeit des Vaters Sieffert, der seinem greisen

Schwiegersohn zutrank und sogar ein Lied steigen ließ, herrschte bei Tische eine recht gedrückte Stimmung. Denn Lene saß still mit nassen Augen da, die Mutter war derart in die Betrachtung der bräutlich geschmückten, doch so trüb blickenden Tochter versunken, daß sie zu essen vergaß, und die zwölf bereits tischfähigen Geschwister waren von ihrem vornehmen alten Schwager stark eingeschüchtert und muckten nicht. Der Geheimrat machte der Mahlzeit so rasch, wie es sich schicklich tun ließ, ein Ende und entführte seine junge Gattin zur Bahn.

Er hatte seit vielen Jahren die Gewohnheit, wegen seines Rheumatismus alljährlich nach Teplitz zu gehen. Diesmal begab er sich etwas vor der Zeit nach dem Kurort und vereinigte praktisch die Hochzeits- mit der Badereise.

Statt der üblichen vier Wochen blieben sie über drei Monate weg. Gleich nach der Ankunft in Teplitz hatte Lene an die Mutter eine Postkarte geschrieben, dann nicht wieder. Nur vom Geheimrat kamen einige kurze Grüße und die Mitteilung, daß er nach beendetem Gebrauche der Heilquelle seiner jungen Frau auch sonst noch etwas von der Welt zeigen wolle. Aus der Schweiz traf einmal eine starke Sendung Baseler Leckerli und später aus Oberitalien eine Kiste Feigen ein.

Der Sommer ging zur Neige, als eines Abends die all die Zeit her dunkeln Fenster der Behrschen Wohnung sich mit einemmal erhellten. So erfuhren Siefferts, daß ihre Tochter wieder da war. Sie hatte mit keinem Worte ihre Heimkehr angezeigt. Vater Sieffert lief spornstreichs hinunter und wurde vom Geheimrat empfangen, der ihn kurz begrüßte und ihn ersuchte, das Wiedersehen mit der Tochter zu verschieben, weil sie der Ruhe bedürfe. Da auch sein Schwiegersohn keine Lust zeigte, sich auf eine längere Unterhaltung einzulassen, zog Sieffert sich betreten und kopfschüttelnd zurück und schickte unverweilt seine Frau hinab.

Ihre Mutter nahm Lene an. Frau Sieffert fand sie schlecht aussehend. Sie war blaß und ihr Gesicht schien schmäler geworden.

"Du bist doch nicht krank, Lene?« rief die Mutter und breitete die Arme nach ihr aus. Da warf sich die Tochter ihr an die Brust, brach in

Schluchzen aus und stammelte abgerissen und kaum hörbar: "Es ist nicht wahr – daß ich barmherzige Schwester sein sollte – ach, Mutter – warum haben wir es getan!«..

Ende März war Kindtaufe beim Geheimrat. Dem greisen Vater war ein kleines Mädchen beschert worden. Er freute sich über die Maßen damit und erwies sich der Mutter dankbar, indem er ihr ein prachtvolles Brillantenarmband als Wiegenangebinde verehrte. Von den Gefühlen der Mutter erfuhr die Welt nichts. Sie war den ganzen Herbst und Winter nicht ausgegangen und hatte keinen Besuch empfangen, nicht einmal ihre Eltern und Geschwister sehen wollen, als hätte sie eine Schande vor aller Welt zu verbergen. Gleich nach den Wochen ging sie mit ihrem Kinde aufs Land und kam erst beim Herbstbeginn nach der Stadt zurück. Sie verkehrte mit keiner menschlichen Seele und ließ sich nirgendwo blicken. Sie verließ ihre Wohnung nur wie verstohlen und immer dicht verschleiert und stieg aus ihrem Wagen erst irgendwo weit draußen, an einer einsamen Stelle, um ihrer Gesundheit zuliebe Bewegung im Freien zu machen, sonst war sie immer zuhause bei ihrem Kinde, das übrigens nicht lang das einzige blieb.

Je weniger man die junge Frau Geheimrat sah, um so mehr fuhr die Stadt fort, sich mit ihr zu beschäftigen. Es gingen allerlei krause Sagen über sie um. Die verbreitetste erzählte, der alte Behr sei eifersüchtig wie ein Tiger, er halte sie in engem Gewahrsam, weiche nicht von ihrer Seite und lasse nicht einmal ihre Eltern zu ihr, weil er auch ihnen nicht traue und ihr begünstigendes Einverständnis zu irgend einer Weiberlist fürchte. Die Wirkung solchen Klatsches war, daß ein Luftkreis von Verachtung und Feindseligkeit den Geheimrat umgab. Mit seiner Familie blieb er völlig zerfallen, aber auch seine ältesten Freunde und Bekannten zogen sich von ihm zurück und er wurde nach Ablauf seiner Amtsfristen weder zum Kirchenältesten noch zum Stadtverordneten wiedergewählt.

Das schien ihn jedoch nicht anzufechten. Er sah wohl und zufrieden aus und zeigte die rosige Gesichtsfarbe gesunder alter Leute, die von sorgsamster Pflege umgeben sind. Er fand offenbar einen Jungbrunnen in seinem häuslichen Glück, das sich immer reicher entfaltete. Denn es ging fast kein Jahr ins Land, ohne daß sein Heim mit einem Zuwachs gesegnet wurde. Der Name des alten Behr wurde sprichwörtlich. Auf der Straße wies man mit den Fingern auf ihn als auf eine der Merkwürdigkeiten der Stadt. Er aber war stolz auf seine späte Vaterschaft und da er seine Frau nicht bestimmen konnte, sich öffentlich mit ihm zu zeigen, führte er allein, von Amme und Kindermädchen begleitet, seine Kinderschar spazieren, die größeren an der Hand, die kleinen im Wägelchen, das kleinste in den Armen der Amme, und ergötzte sich an dem Aufsehen, das der Zug immer erregte.

Frau Sieffert kränkte es bitter, daß ihre Tochter auch mit ihr nicht verkehren wollte, und am wenigsten zu den Zeiten, wo das Weib sonst das natürliche Verlangen fühlt, sich von einer mütterlichen Hand liebkosen zu lassen. Vater Sieffert rächte sich an Lene für ihre Kälte und Fremdheit, indem er sie verklatschte. "Sie ist stolz geworden. Sie ist eine große Dame. Ihre Eltern sind ihr nicht mehr gut genug. Meinetwegen. Fehlen wir ihr nicht, so fehlt sie uns nicht. Wer hat sie zu dem gemacht, was sie ist? Das vergißt sie. Nun, Undank ist der Welt Lohn. Mir kann es recht sein. Ich habe nie jemand gebraucht.«

Er ließ es sich aber mit Vergnügen gefallen, daß sein Schwiegersohn für alle seine Kinder in dem Maße, wie sie heranwuchsen, sorgte, die Mädchen aussteuerte, die Jungen ausbilden ließ und ihnen zu Stellungen verhalf, ihn selbst ohne Unterlaß mit Geldgeschenken und Gaben für die Speisekammer bedachte. Seinen Hochzeitsrock hatte er zwanzig Jahre lang getragen, ohne daß er ihm zu eng geworden war. Jetzt mußte er seine Kleider alle zwei Jahre erweitern, und manchmal dauerte es nicht einmal so lang.

Das grüne Alter des Geheimrats wollte kein Ende nehmen. Der Tod schien ihn vergessen zu haben. Elf Jahre waren ins Land gegangen, seit er Lene heimgeführt, und in dieser Zeit war sie sechsmal Mutter geworden. Fünf lebende Kinder umwimmelten sie, eins hatte sie verloren. Was ihr Leben in diesen elf Jahren gewesen war, das wußte niemand außer ihrem Kindermädchen und ihrem Arzt, der ein beinahe täglicher Besucher ihres Hauses war. Denn Krankheit war ein ständiger Gast in den beiden Kinderstuben, die Kleinen waren ausnahmslos kümmerliche, quienige Geschöpfe, bleich, blutarm, rhachitisch, skrophulös, wie mit einem ungenügenden Maße Lebenskraft für die Erdenreise ausgerüstet, und die Krankenpflegerin, die sie ihrem rüstigen Alten nicht zu sein brauchte, mußte sie hundertfältig seinen Kindern sein. Sie klagte nicht, sie schmollte nicht einmal, aber nie hatte sie jemand seit ihrem Hochzeitstage lächeln sehen, ihre einst so lustigen blauen Augen waren glanzlos, ihre blühenden Mädchenwangen weggeschmolzen, sie sah blaß und dünn, vergrämt und welk aus und erweckte die Vorstellung, als sei ihre herrliche Jugend in die geschrumpften Adern ihres Mannes hinübergeflossen und als habe sie selbst sich bei diesem heroischen Opfer ihrer Lebenssäfte verblutet.

Sah der alte Behr nicht, wie sie dahinschwand? Wollte er es in seiner grausamen Selbstsucht nicht sehen? Man hat es nie erfahren. Er war gegen sie von einer Zärtlichkeit, die rührend gewesen wäre, wenn sie nicht einen Beigeschmack von ruchlosem Kannibalismus gehabt hätte. Er erreichte damit jedenfalls, daß seine Frau, die auch jetzt noch die gutmütige Lene nicht verleugnete, ihm nichts nachtrug. Nur ihren Eltern und sich selbst war sie böse, nicht dem lüsternen Greise, der sie auf Händen trug und sich ihr gegenüber in schmeichelnder Unterwürfigkeit nicht genug tun konnte.

Wie bei ihrem ersten, so hatte er ihr bei jedem folgenden Kinde ein kostbares Geschmeide geschenkt, sie aber legte die Juwelen niemals an, sondern schloß sie in die hinterste Ecke ihres Schrankes weg, um sie nicht vor Augen zu sehen. Denn der reiche Schmuck erinnerte sie hart strafend daran, daß sie sich für Geld verschachert hatte, mit dem sündigen Hintergedanken noch dazu, das Schicksal zu übervorteilen und ein unredlich gutes Geschäft zu machen. Dagegen ließ sie es sich ohne Selbstvorwürfe gefallen, daß ihr Mann tief in die Tasche griff, wenn eine ihrer Schwestern sich verheiratete.

Vier waren im Laufe der elf Jahre mit seiner ausgiebigen Unterstützung unter die Haube gebracht worden. Jetzt hatte sich für die fünfte ein annehmbarer Freier gefunden und Vater Sieffert, der niemand brauchte, wandte sich wie gewöhnlich an den Geheimrat wegen der Ausstattung und Mitgift. Er nahm seinen Schwiegersohn mit Selbstverständlichkeit, kraft eines Gewohnheitsrechts, in Anspruch. Er war deshalb ebenso erstaunt wie entrüstet, als der alte Behr diesmal seine Bitte rund abschlug. "Kommst du mir so, du alter Filz!« knurrte er vor sich hin, als er in seine Wohnung hinaufstieg, und schickte unverweilt die Braut zu Frau Behr, damit sie den knickerigen Greis bei ihrer Schwester verklage.

Das Mädchen weinte der Schwester vor, daß ihr Bräutigam sie sitzen lassen würde, wenn er sich in seinen natürlichen Erwartungen getäuscht sehe, und daß sie nicht begreife, weshalb sie so viel schlechter behandelt werden solle als ihre Schwestern vor ihr.

Frau Behr beruhigte das junge Ding mit dem Versprechen, sich bei ihrem Manne für sie zu verwenden. Als die Schwester gegangen war, fiel ihr ein, daß der Geheimrat ihr vier Monate vorher bei der Geburt ihres sechsten Kindes zum erstenmal gegen seinen unwandelbaren Brauch nichts geschenkt hatte. Sie hatte es wohl bemerkt, war aber ganz zufrieden gewesen, denn es schien ihr zu beweisen, daß er endlich, wenn auch sehr spät, eingesehen hatte, wie wenig sich der Anlaß zu aufdringlichen Freudenbezeigungen eignete. Jetzt fragte sie sich, ob sie die Enthaltung nicht anders deuten müsse?

Sie hatte von ihrem Manne noch nie etwas verlangt. Alles war von seiner freien Entschließung ausgegangen. Zum erstenmal trat sie jetzt mit einem Anliegen an ihn heran, und sie tat es gleich mit Gereiztheit. Unbewußt und unwillkürlich ließ sie in ihre Worte etwas von der Bitterkeit sickern, die sie alle die Jahre her in ihrem Gemüt aufgedämmt hatte.

Als sie in sein Arbeitszimmer trat, fand sie ihn, den Kopf in beide Hände versenkt, an seinem Schreibtisch sitzen, als ob er schliefe. Bei ihrer unerwarteten Ansprache schrak er empor und blickte sie mit wirren Augen an.

"Du hast meinem Vater erklärt, daß du für meine Schwester nichts tun willst?«

Er schwieg und wich ihrem Blick aus.

"Es ist dir wohl etwas über die Leber gekrochen?«

Er blieb noch immer still.

"Es ist der Mühe wert, die Frau eines reichen Mannes zu sein, wenn man seinen Angehörigen nicht einmal bescheiden beistehen kann.«

"Erlaube –« stotterte der Geheimrat; "ich habe doch wahrhaftig für die Deinigen genug getan –«

"So? Was meinst du wohl, wenn ich eine Frau wäre wie andere, hätte ich nicht für Putz und Lustbarkeiten und Badereisen mehr Geld ausgeben können, als die Meinigen je von dir bekommen haben? Ich koste dich blutwenig. Ich bin dir eine billige Wärterin, Haushälterin und Kinderfrau. Meinen Lohn wenigstens will ich für meine Familie haben. Den kann ich dir nicht schenken.«

So hatte der alte Behr Lene nie gesehen. Er griff nach ihren Händen und bat: "Schatz, sei nicht so – du weißt nicht –«

Sie entriß ihm ihre Hände. "Ich weiß, daß du ein hartherziger Geizkragen bist. Nun ja. Ich bin nicht die kleinste Rücksicht mehr wert. Ich bin nicht mehr das frische junge Mädchen, von dem man verlangt hat, daß es sich aufopfert. Jetzt bin ich welk und häßlich. Was braucht man sich da noch aus mir zu machen?«

Er erhob sich mühsam und sagte leise und demütig: "Lene, Lene, schilt mich nicht aus. Es ist nicht recht von dir. Du weißt, daß du mein Augapfel bist. Ich will ja alles tun, was du willst; alles, was ich kann. Es ist nur so – so–«

Er konnte nicht weiter. Er sank in seinen Stuhl zurück und brach in Tränen aus.

Lene dachte, der Alte sei vollkommen kindisch geworden, und es tat ihr leid, daß sie ihn hart angelassen hatte. Ihren Willen hatte sie ja nun und so begütigte sie ihn mit einigen Worten und ließ ihn allein.

Er war beim Abendessen wie abwesend. Er rührte keinen Bissen an und stieß häufig tiefe Seufzer aus. Sie war noch immer verstimmt und sagte nichts, und da auch er schwieg, verlief die Mahlzeit in unheimlicher Stille. In der Nacht merkte sie, daß er sich schlaflos auf seinem Lager wälzte. Er weckte sie einigemale durch seine Anstrengungen, sich im Bette aufzusetzen. Sie fragte ihn, ob ihm etwas fehle, er erwiderte aber nur: "Nichts, mein Kind, nichts.«

Am Nächsten Vormittag ließ er viel früher als gewöhnlich anspannen. Ehe er ging, küßte er Lene auf die Stirn und sagte: "Für deine Schwester soll gesorgt werden.«

Er war etwa eine Stunde weg, da trat der Diener, der ihn auf den Fahrten immer begleitete, hastig bei ihr ein und meldete tief verstört: "Frau Geheimrat wollen verzeihen – der Herr Geheimrat sind plötzlich erkrankt –«

"Wo ist er? Was ist es?« rief sie erschrocken.

"Es ist beim Herrn Direktor geschehen – beim Herrn Sohn –«

"Was!« stieß sie hervor, "bei seinem Sohn? Ist mein Mann bei seinem Sohn gewesen?«

"Jawohl, Frau Geheimrat. Und da hat er einen Anfall bekommen –«

Sie machte Miene, zur Tür zu eilen. "Ist er im Wagen unten?«

"Nein. Der Herr Doktor erlaubt nicht, daß man den Herrn Geheimrat transportiert. Er ist beim Herrn Direktor geblieben.«

"Ich komme,« murmelte sie. Im Nu hatte sie einen Hut aufgesetzt und einen Mantel umgenommen und saß im Wagen, der sie in rasselnder Eile zur Behrschen Dampfmühle führte. Was bedeutete das? Was ging vor? Dem Geheimrat hatte sich seit elf Jahren ihres Wissens keins seiner Kinder oder Enkel genähert. Sie waren einander urfremd geworden. Und nun besuchte er mit einemmal seinen ältesten Sohn? Ohne ihr ein Wort zu sagen?

An der Einfahrt der Dampfmühle führte eine Treppe zu den Kontorräumen hinauf. Als der Wagen hielt, trat der Herausspringenden der Direktor Behr mit finsterer, verlegener Miene entgegen und verneigte sich leicht.

"Er lebt doch?«

"Er lebt.«

"Wo ist er?«

"Darf ich bitten.«

Er geleitete sie wortlos die Treppe hinauf durch ein Vorzimmer und einen Arbeitssaal mit Schreibern, die in sichtlicher Aufregung waren, an eine Tür, die er vor ihr öffnete. Er ließ sie allein eintreten und blieb selbst draußen.

Auf einem Sofa sah sie ihren Mann liegen. Ein Professor und sein Assistent saßen zu seinen Häupten. Sie wollte zu ihm eilen. Der energisch warnende Finger des Arztes bannte sie fest. Er kam ihr entgegen und flüsterte ihr zu: "Um Gotteswillen, nur ruhig. Jede Aufregung kann lebensgefährlich werden.«

"Aber was ist es?«

"Ihr Herr Gemahl hat einen leichten Schlaganfall erlitten.«

"Einen leichten –«

"Nun ja, er war nicht tötlich. Aber in seinem Alter – Sie begreifen –«

"Kann ich ihn sehen?«

Der Professor wandte den Kopf nach dem Kranken. Dieser war wieder bei Bewußtsein, er hatte die Eintretende erkannt, seine Augen starrten nach ihr hin, er stieß Röchellaute aus und schien sich aufrichten zu wollen.

"Ja, gehen Sie zu ihm,« sagte der Professor.

Frau Behr trat an das Sofa und beugte sich bewegt über den Kranken. Er versuchte zu sprechen, brachte aber nur unartikulierte Laute hervor. Er streckte ihr die Linke entgegen und brach in stille Tränen aus. Sein Mund war nach links gezogen, seine rechte Seite gelähmt. Sie sprach ihm Trost zu, er verstand sie offenbar und klammerte sich mit der Linken an ihre Hand fest, die er nicht fahren ließ.

"Was soll nun geschehen?« fragte sie den Professor. "Wir können ihn doch nicht hier lassen.«

"Nur noch einige Stunden, Frau Geheimrat. Wenn keine neue Gehirnblutung eintritt, so können wir ihn gegen Abend mit größter Vorsicht auf einer Tragbahre nachhause schaffen lassen.«

Sie richtete sich auf. Der Kranke hielt sie ängstlich fest und stöhnte und winselte in abgebrochenen, fast bellenden Tönen. Sein Benehmen drückte aus, was er nicht in Worten sagen konnte: "Geh nicht weg! Laß mich nicht allein!«

Sie verstand ihn. "Sei ruhig, Karl, ich bleibe bei dir.«

Am Abend durfte sie ihn in die Wohnung schaffen lassen. Als sie mit den Trägern die Dampfmühle verließ, erschien Direktor Behr am Tor und begrüßte sie schweigend. Tagsüber hatte er sich nicht wieder sehen lassen.

Nach einigen angstvollen Tagen besserte sich der Zustand des Kranken. Die Sprache kam allmählich wieder, die Lähmung dagegen ging nur wenig zurück. In der zweiten Woche nach dem Schlaganfall konnte er endlich beichten. Und da erfuhr die niedergeschmetterte Frau, daß der Geheimrat in einer schweren Finanzkrise, die kurz vorher über das Land hereingebrochen war, alles verloren hatte. Denn angesichts seiner neuen zahlreichen Familie hatte er geglaubt, sein Vermögen durch Spekulationen vermehren zu müssen, und das war ihm zum Verderben geworden. Er hatte das Schreckliche vor seiner Frau verborgen, so lange es möglich war. Erst als sie von ihm ein Opfer verlangte, das er nicht mehr bringen konnte, entschloß er sich zum Äußersten. Er ging zu seinem Sohne, enthüllte ihm seine Lage und flehte ihn um Beistand an. Der aber wies ihm unmenschlich die Tür. "Es ist mein Tod,« jammerte

der unglückliche Vater. "So verrecke,« antwortete der entartete Sohn. Da
waren dem Alten die Sinne geschwunden...

Wenn sie nicht gleich ermaß, was das Bekenntnis des Geheimrats
bedeutete, so kamen alsbald Tatsachen ihrem Verständnis zu Hilfe. Das
übermäßig mit Schulden belastete Haus wurde versteigert. Sie mußte
ihren ersten Stock verlassen, da keine Rede davon war, daß sie die Miete
einer hochherrschaftlichen Wohnung bezahlen konnte. Auch Siefferts
mußten hinaus, denn mit der Unentgeltlichkeit ihrer Behausung war es
vorbei. Vater Sieffert kam aus dem Zorn nicht heraus. Er wollte sich mit
Ratschlägen an seine Tochter herandrängen. Sie wies ihn jedoch schroff
ab. Nur der jammernden Mutter sagte sie trockenen Auges und harten
Tones, sie hätten alle, was sie verdienten; sie hätten die Vorsehung
überlisten wollen, aber die Vorsehung hätte es ihnen heimgezahlt und
die Betrogenen blieben nun sie. Sie sagte es nicht ganz mit diesen
Worten, denn sie war nicht gebildet und hatte nach der Volksschule nur
Kolportageromane gelesen, aber das war doch der Gedanke. Sie hatten
gerechnet, sie würde eine kinderlose reiche Witwe werden, sie war nun
eine Ruine, ebenso bettelarm, fast ebenso kinderreich, wie einst ihre
Eltern, nein, noch viel ärmer als sie, weil ohne eine Stunde der Liebe, der
Zufriedenheit, des Glücks.

*  *<br>*

Vater Sieffert wollte seine Tochter in den bitteren Tagen der Verwirrung
und Ratlosigkeit überreden, den gelähmten Alten samt den fünf Kindern
dem Direktor und seinen reichen Geschwistern auf den Hals zu schicken
und für sich selbst von ihnen, nötigenfalls auf dem Klagewege,
standesgemäßen Unterhalt zu erzwingen. Sie verbat sich solche Reden
und sagte ihrem Vater rund heraus, daß ihr seine Gegenwart in ihrer
derzeitigen Verfassung unangenehm sei.

Sie holte die Geschmeide hervor, die der Geheimrat ihr bei der Geburt
ihrer Kinder geschenkt hatte, und machte sie zu Geld. Sie mietete eine
bescheidene Wohnung in der Vorstadt und richtete sie einfach ein, so

34

daß sie sich beinahe in ihre Kinderzeit zurückversetzt glaubte. Dann wartete sie. Direktor Behr und die übrigen Kinder, alle Millionäre, wußten gleich der ganzen Stadt, wie es um den Vater, die Stiefmutter und die Stiefgeschwister stand. Sie ließen jedoch nichts von sich hören. Da raffte Lene Behr alle Kraft zusammen, die ihr das Unglück gelassen hatte, und nahm als das tapfere Weib aus dem Volke, das sie im Grunde immer noch war, den Kampf mit dem Schicksal auf. Sie erinnerte sich, daß sie ein Nähmädchen gewesen war, und kehrte zu ihrem Berufe zurück. Sie öffnete eine Werkstatt, stellte Arbeiterinnen ein und suchte Kunden. Gute Menschen nahmen Anteil an ihr und gaben Aufträge. Sie mußte sich hart rackern, von früh bis spät, aber sie fand ihr bescheidenes Auskommen. Dem gelähmten alten Mann machte sie keinen Vorwurf und zeigte nicht einmal ein unfreundliches Gesicht. Er saß in seinem Rollstuhl an schönen Tagen vor der Tür, bei schlechtem Wetter in der Stube mit den Kindern, von denen die ältesten ihn beaufsichtigen, schieben und ein wenig zerstreuen mußten. So viel ihre Zeit es erlaubte, pflegte Frau Behr ihn wie ihre kränklichen und schwächlichen Kinder und es störte sie nicht merklich, daß sie einen Mund mehr zugleich mit den übrigen Mündern zu füllen hatte.

Ihre Handlungsweise machte auf die öffentliche Meinung starken Eindruck. Um ihrer schlichten Treue willen verzieh man dem alten Behr seine frühere Ungehörigkeit und erinnerte sich wieder, daß er einen großen Platz im Stadt- und Gemeindeleben eingenommen hatte. Der Vorsitzende des Konsistoriums ließ ihr diskret Unterstützung anbieten. Sie lehnte stolz ab. Behrs Kinder aus erster Ehe wurden allmählich gewahr, daß man ihre Lieblosigkeit allgemein hart verurteilte, und auch sie schickten eines Tages ihren Rechtsanwalt zu Frau Behr und erklärten sich durch seinen Mund bereit, ihr ein bescheidenes Monatgeld zu bewilligen. "Zu spät,« sagte sie, denn es geschah erst im dritten Jahre nach dem Schlaganfall; "sagen Sie dem Direktor Behr, sein Vater kann auch ohne sein Monatgeld verrecken.« Und als der Rechtsanwalt sie verblüfft ansah, fügte sie hinzu: "Sie verstehen mich nicht. Der Direktor Behr wird mich schon verstehen.«

Der alte Behr sprach lallend und verwechselte die Worte, er blieb auf einer Seite gelähmt und versank allmählich in Blödsinn, aber er lebte, lebte erstaunlich, unheimlich weiter. Zwölf Jahre lang verschonte der Tod noch den sagenhaften Greis, und erst als er volle vierundneunzig Jahre alt geworden war, erlosch endlich sein ewig scheinendes Lebenslämpchen.

Sein Begräbnis war ein Ereignis. Die ganze evangelische Gemeinde und viele andere Mitbürger folgten dem Leichenwagen. Am Grabe hielt der Superintendent selbst die Trauerrede. Umgeben von fünf Kindern, zwischen zweiundzwanzig und zwölf Jahren, darunter einem verwachsenen Mädchen und zwei zwergwüchsigen Knaben, stand die einundvierzigjährige verhärmte Witwe, die wie eine Sechzigerin aussah, neben dem Sarge und schluchzte herzbrechend. Und je wärmer der Superintendent ihre selbstlose Hingabe rühmte, und je beredter er sie als Muster einer christlichen Gattin von lauterster Tugend und Pflichttreue pries, um so reichlicher strömten ihre Tränenbäche und um so heftiger rang sie die Hände. Die Stiefkinder und Enkel auf der andern Seite des offenen Grabes waren im geheimen wütend über das, was sie für Komödie hielten. Auch die Fremden fanden solche Verzweiflung übertrieben und beinahe anstößig. "Es ist nicht wahr, daß man so um einen bald Hundertjährigen trauert, den man als Siebziger geheiratet hat,« flüsterte eine Frau lieblos ihrer Nachbarin zu.

Lene Behr trauerte auch nicht um den Toten im Sarge. Sie weinte trostlos über sich, über ihre Jugend, über ihr Leben, um das man sie betrogen hatte.

*   *<br>*

In meiner Erinnerung stieg das Bild der schwarzgekleideten vorzeitig gealterten Frau mit den Spuren einstiger Schönheit auf, ich hörte ihr verzweifeltes Schluchzen, das ich so genau verständlich fühlte wieder

36

das tiefe Mitleid, das meine siebzehnjährige schwärmerische Seele bei dem denkwürdigen Leichenbegängnisse mit der Unglücklichen gefühlt hatte, während vom Balkon über der engen Gaditaner Straße die Klage zu mir herübertönte:

"Me casé con un viejo,
Por su moneda,
La moneda se acaba,
Y el viejo queda...«